BIOGRAPHIE

DES

MEMBRES DU GOUVERNEMENT PROVISOIRE

> Le Gouvernement de la France doit réunir les vœux
> » de la nation légalement émis, et se coordonner avec les
> » autres gouvernements, pour devenir un lien commun
> » et de garantie de la paix entre la France et l'Europe. »

*Discours prononcé à la Chambre des Députés, le 15 Juillet
1815, par*

DUPONT DE L'EURE.

Prix : 25 centimes.

Paris,

BARBA,   **GARNOT,**

4 BIS, RUE DE LA PAIX.   7, RUE PAVÉE SAINT-ANDRÉ.

1848.

SAINT-CLOUD. — IMPRIMERIE DE BELIN-MANDAR.

BIOGRAPHIE
DES MEMBRES DU GOUVERNEMENT PROVISOIRE.

Honneur, trois fois honneur aux membres du gouvernement provisoire, sans aucune exception, pour le courage qu'ils ont montré, dans des circonstances horriblement difficiles, en acceptant, sans hésiter, la charge d'une immense responsabilité! Nous ne sommes point louangeurs, on le sait, mais quand même chacun des membres du gouvernement provisoire aurait encouru des reproches dans les divers ministères dont ils se sont attribué les fonctions, ces reproches ne pourraient s'adresser qu'aux ministres et ne devraient pas remonter jusqu'aux membres du gouvernement provisoire. Aucun d'eux n'en ayant répudié la solidarité, tous doivent être admis au partage égal de la reconnaissance nationale. Cette reconnaissance sera grande et sincère en effet chez tous ceux qui, comme nous, se rappelant la journée du 24 février, peuvent se figurer ce que serait devenue une puissance comme la France sans gouvernement, une ville comme Paris sans aucune autorité.

En ne se constituant que provisoirement, le gouvernement, issu des barricades pour les faire renverser, répondit d'avance, et par ce seul fait, à ceux qui l'auraient accusé d'usurpation de pouvoir. Quant à l'adoption de la forme républicaine pour le gouvernement de la France, il n'y a qu'une chose à dire, c'est que c'était la seule qui fût possible. Et, d'ailleurs, si, dans le premier moment, il en résulta une sorte d'étonnement, l'assentiment si prompt, si unanime de la France, a suffisamment prouvé que le gouvernement provisoire avait été le fidèle interprète de ses vœux et de ses besoins.

Nous avons cru devoir placer ici ces quelques mots que nous pourrions regarder comme l'esquisse de la biographie collective du gouvernement provisoire pris dans son ensemble, avant de consacrer à chacun de ses membres le peu de lignes qu'il nous sera possible de leur donner, sans sortir des limites que nous nous sommes imposées.

Né le 24 février, le gouvernement provisoire de la république française a vu arriver le terme de ses fonctions gouvernementales le 4 mai, jour de l'ouverture de l'assemblée nationale convoquée par lui, et qui présente dans sa composition l'expression la plus complète et la plus sincère de la volonté du peuple, puisqu'elle résulte de la majorité du suffrage universel.

Le peuple de Paris, en appelant en masse tous les membres du gouvernement provisoire à l'honneur de le représenter à l'assemblée, lui a donné, sans contredit, le plus incontestable témoignage de satisfaction. Voilà pour le gouvernement tout entier, considéré comme une unité gouvernementale. Ensuite, l'action de la justice distributive du peuple de Paris s'est modifiée à l'égard de chacun de ses membres, non pas pour déverser le blâme sur aucun, mais pour marquer la ligne de conduite politique qu'il approuve le plus, ce qui résulte nécessairement de l'inégalité qui existe dans la répartition de ses suffrages. Cette inégalité d'ailleurs nous servira de guide pour le classement des membres du gouvernement dans cette courte esquisse biographique.

LAMARTINE.

Né à Mâcon le 21 octobre 1790. Le nom de famille de M. de Lamartine (Alphonse) était de Prat. Il apprit à lire dans la Bible : et de là sans doute le mysticisme poétique qui non-seulement fit de lui un grand poëte, mais un poëte à la façon des prophètes, tant il est vrai que les premières impressions de l'enfance sont autant de germes qui se développent avec le temps. C'est par la même raison que, né de parents nobles, et témoin dès son berceau des malheurs de sa famillle, il dut, en grandissant, porter les affections de son âme vers les souvenirs de l'ancienne monarchie en même temps que son esprit s'illuminait d'autres souvenirs de liberté. La connaissance des hommes, jointe à une immense propension à s'apitoyer sur toutes les souffrances humaines, le fortifia dans son amour pour la justice et la liberté. De là son indifférence pour les grandeurs de l'empire et la gloire de Napoléon, dont une fois seulement sa muse fit l'éloge, et ce fut après sa mort.

En 1814, M. de Lamartine entra dans les gardes du corps de Louis XVIII ; mais il n'y resta pas longtemps. L'âme du poëte se sentait mal à l'aise sous la compression de l'uniforme et les exigences de la consigne. Nous rappellerons ici une circonstance de sa vie que nous croyons peu connue, et qui prouvera combien le plus beau génie lui-même a souvent besoin qu'une circonstance fortuite vienne le mettre en lumière.

On doit se rappeler quelle sensation avait produite pendant les premières années de la restauration l'apparition dans le monde poétique du jeune Casimir Delavigne. Jalouse de ce que la nation avait son poëte libéral, la cour voulut avoir à lui opposer un poëte monarchique. M. Decazes, alors ministre, fut chargé de découvrir cet heureux phénix. C'était vers 1819, au moment même où M. de Lamartine se disposait à publier le premier volume de ses *Méditations*. Le jeune poëte fut circonvenu, choyé, entouré de prévenances et de faveurs, enfin on accapara sa gloire au profit d'une opinion. M. de Lamartine se maria alors, il épousa une jeune Anglaise, que ses chants poétiques avaient enthousiasmée, et qui lui apporta en dot, avec une fortune considérable, les dons plus précieux de la grâce et de la beauté. Immédiatement après son mariage, qui eut lieu à Genève, M. de Lamartine retourna à Florence, où il avait déjà fait plusieurs séjours sous l'empire et depuis. Cette fois il y résida en qualité de secrétaire de la légation de France en Toscane.

Au premier volume des *Méditations* en succéda un second, et la gloire du poëte devint alors européenne. Son poëme de *Socrate* n'y ajouta rien ; mais il n'en fut pas de même de ses autres œuvres, telles que *les Harmonies*, qui parurent en 1830, année pendant laquelle M. de Lamartine fut élu membre de l'Académie française ; de la relation de son *Voyage en Orient*, en 1834 ; de *Jocelyn*, en 1835 ; de *La chute d'un Ange*, en 1839, et surtout de la publication de l'*Histoire des Girondins*, qui produisit une sensation universelle, et qui sans doute contribua puissamment, sous la plume d'un si brillant écrivain, à relever le grand esprit de la révolution des injustes condamnations dues seulement à ses fatales déviations.

La première fois que M. de Lamartine se mit sur les rangs pour la députation, il échoua sur deux points extrêmes de la France, à Toulon et à Dunkerque; mais en 1834, pendant le temps même qu'il exécutait son voyage en Orient, où le frappa la mort de sa fille Julia, ces deux colléges l'appelèrent à la chambre des députés, où il n'a pas cessé de siéger depuis.

Nous n'essayerons pas de suivre M. de Lamartine dans les phases diverses de sa carrière parlementaire; nous aimons mieux tâcher d'en saisir l'esprit. Souvent dans l'orateur on a retrouvé le poëte et toujours l'honnête homme. M. de Lamartine n'était d'aucun parti à la chambre, mais les diverses nuances de l'opinion purent croire alternativement qu'elles le possédaient, parce que, dans ses hésitations mal comprises, il se montrait toujours prêt à adopter le bien d'où qu'il vînt; parce que, au milieu des fluctuations incessantes de la tribune, il avait constamment les yeux fixés sur une idéalité généreuse qui le fuyait sans cesse, et qu'il n'a pu trouver enfin que le 24 février, en arrêtant ses regards sur la souveraineté du peuple. On sait quels prodiges d'éloquence il prodigua à l'Hôtel-de-Ville dans la journée du 25 février, lorsque sa voix raffermit le glorieux drapeau tricolore si imprudemment menacé.

M. de Lamartine en a reçu la plus noble récompense que puisse légitimement ambitionner un citoyen. Non-seulement la presque unanimité des votes l'a appelé à l'Assemblée nationale dans le département de la Seine, mais le même honneur lui a été décerné à une immense majorité dans neuf autres grands centres de la population : à Dijon, à Rouen, à Mâcon, à Bordeaux, à Quimper, à Rennes, à Périgueux, à Lille et à Marseille.

DUPONT (de l'Eure).

M. DUPONT (de l'Eure) (Jacques-Charles) naquit à Neubourg (Eure) le 27 février 1767. C'était un de ces hommes que l'on dirait nés pour enseigner au monde la supériorité de la vertu comparée au génie. La révolution l'a surpris sans fortune en 1789, elle l'a retrouvé sans fortune soixante ans après, le 24 février 1848, sans que, pendant une carrière si longue, semée de tant d'agitations, qui a vu s'élever et tomber tant de gouvernements, rien ait pu le faire fléchir de la rigidité de ses principes. C'est un phénomène assez rare pour que la nation qui le possède ait le droit de s'en enorgueillir. Avocat au parlement de Rouen en 1789, il fut nommé, en 1792, maire de sa ville natale, et devint successivement administrateur du district de Louviers, juge au tribunal de cette ville et accusateur public auprès du tribunal criminel de l'Eure. Ce fut dans l'exercice de ces fonctions que l'on put juger jusqu'à quel point la modération, qui est aussi une force, peut s'accorder avec la fermeté. Membre du conseil des Cinq-Cents en 1800, il fut nommé, la même année, conseiller à la cour d'appel de Rouen. En 1811, il devint président de chambre à la même cour, alors cour impériale. Appelé au corps législatif, il y siégea jusqu'en 1814, où, au mois de juin, après le retour des Bourbons, il fut nommé le premier des vice-présidents.

Après le retour de l'empereur de l'île d'Elbe, Dupont (de l'Eure) fut envoyé par son département à la chambre des cent jours, où il fut encore nommé l'un des quatre vice-présidents.

Lors de la seconde Restauration, Dupont (de l'Eure) fut destitué, sous le ministère de M. Pasquier, de ses fonctions de président de chambre à la cour royale de Rouen. Ses concitoyens protestèrent contre cette brutale destitution en le renvoyant constamment à la chambre, où depuis il fit partie de toutes les législatures, moins une, les intrigues électorales étant parvenues à empêcher sa nomination.

Ce ne fut point par le vain éclat d'une brillante faconde que M. Dupont illustra sa carrière parlementaire; plus de choses que de mots donnaient de l'autorité à sa parole; il en était sobre, mais on le retrouvait toujours dans les circonstances difficiles. Sa popularité a été calme et modeste comme son caractère, mais comme son caractère aussi elle n'éprouva jamais d'intermittence. Au moment où ceux qui devaient exploiter à leur profit la révolution de Juillet [e]t besoin de faire croire à la sincérité de leur patrio-

tisme, ils se firent cautionner par la présence de M. Dupont dans le premier conseil des ministres. On lui fit accepter, contre son gré, le portefeuille de la justice, et il eut alors M. Guizot pour collègue. Un pareil fait n'a pas besoin de commentaires. Des deux ministres de 1830, les forfaitures entêtées de l'un furent la cause la plus virtuelle du renversement de Louis-Philippe, et l'autre fut appelé par la voix du peuple à la présidence du gouvernement provisoire. La présence providentielle de M. Dupont à la séance du 24 février, où il occupa le fauteuil après la fuite de M. Sauzet, fut un gage de paix et de tranquillité. Enfin deux départements, le département de la Seine et celui dont il est l'honneur et la gloire, le département de l'Eure, l'ont choisi pour les représenter à l'Assemblée nationale.

ARAGO.

ARAGO (François) naquit à Estagel (Pyrénées-Orientales), le 26 février 1786. Voilà encore un de ces hommes dont la renommée universelle parle plus haut que ne le pourraient faire les plus pompeux panégyriques. A lui la science, comme à M. de Lamartine la poésie, et à M. Dupont la vertu. Ce savant illustre, que le monde entier envie à la France, ne savait pas lire à quatorze ans, dit un de ses biographes ; quatre ans après il était reçu à l'école polytechnique, et commença alors cette immense série de travaux qui, après la mort de Cuvier, lui firent assigner le premier rang dans la science. Dès l'âge de vingt ans, le jeune savant était chargé, avec M. Biot, de mesurer l'arc du méridien entre Dunkerque et Barcelone. Il était déjà secrétaire du bureau des longitudes.

De tous les problèmes que M. Arago a eu à résoudre dans sa vie, le plus difficile, et en même temps le plus utile sans doute, fut celui qui consistait à populariser la science, à la mettre à la portée de tout le monde, sans la faire descendre de ses hauteurs, à en faire ressortir l'utilité générale par une foule d'applications usuelles, dont une des plus récentes est l'établissement en France du télégraphe électrique.

Tant que dura l'empire, si dédaigneux des lettres, mais

protecteur des sciences positives, M. Arago ne sortit point du sanctuaire de ses études, ce qui ne l'empêcha pas, ardent missionnaire de la science, d'affronter de grands dangers en Espagne en 1809, sans que les fureurs d'une guerre acharnée ralentissent son zèle. A son retour en France, Napoléon le nomma professeur à l'école polytechnique.

On n'attend sûrement pas de nous une énumération même approximative des immenses travaux, soit collectifs, soit particuliers, auxquels se rattache le nom de M. Arago, tant à l'académie des sciences que dans ses divers professorats, au bureau des longitudes et dans ses missions scientifiques, ce serait tout une encyclopédie; faisons seulement observer que, avant la révolution de Juillet, les amis seuls de M. Arago savaient que chez lui le patriotisme du citoyen ne le cédait en rien au génie du savant. Ce patriotisme se montra enfin publiquement au moment du danger, pendant les journées de Juillet où l'on vit constamment M. Arago assiéger le quartier général des Tuileries, et plaider la cause du peuple auprès du duc de Raguse et des ministres de Charles X. Ses efforts furent vains, les sourds ne voulurent pas l'entendre, et le monde a vu ce qu'il en arriva.

Ici donc commence la carrière politique du savant. En 1831, le collége électoral de Perpignan élut M. Arago membre de la chambre des députés, et comme alors les bancs sur lesquels s'asseyaient les députés étaient un premier indice de l'opinion à laquelle ils appartiendraient, M. Arago alla s'asseoir auprès de Lafitte et de Lafayette. Toutes les fois que des questions spéciales furent mises en discussion, M. Arago les traita avec toute la lumineuse supériorité qu'on était en droit d'attendre de lui, ce qui ne veut pas dire que son avis l'emporta toujours. On l'écoutait avec beaucoup d'attention, comme si la chambre eût voulu profiter de l'occasion pour s'instruire gratuitement, mais elle ne s'en livrait pas moins à ses votes si souvent désastreux, comme par exemple après la discussion sur les fortifications de Paris. On n'a point oublié les discours de M. Arago dans cette circonstance solennelle, et l'on a vu de quelle utilité ont pu être ces remparts pour ceux qui les avaient fait ériger dans l'espoir de s'en faire un jour un moyen de défense personnelle.

M. Arago était désigné par l'opinion de tous les patriotes pour faire partie du gouvernement provisoire. Le 28 février, jour où la République fut solennellement proclamée au pied de la colonne de Juillet, M. Arago a pris la parole et s'est exprimé ainsi : « Le gouvernement provisoire a cru de son devoir de proclamer la république devant l'héroïque population de Paris, dont l'acclamation spontanée avait déjà consacré cette forme de gouvernement. La sanction de la France entière y manque sans doute encore ; mais elle ratifiera le vœu du peuple parisien qui a donné un nouvel et magnifique exemple de son courage, de sa patience, de sa modération. » Depuis, M. Arago a été d'abord ministre de la marine, puis ministre de la guerre.

A Paris et à Perpignan, M. Arago a été élu membre de l'Assemblée nationale.

GARNIER-PAGÈS.

Garnier-Pagès naquit à Marseille en 1805. Son frère, en qui commença la célébrité de leur nom, était de quatre ans plus âgé que lui. On raconte que les deux frères, qu'unissaient les liens d'une sainte amitié, s'étaient partagé, dans leur communauté d'affection, le soin de pourvoir aux deux objets de l'ambition des hommes ; tandis que l'aîné travaillerait à l'illustration du nom, — et l'on sait à quel point il y avait déjà réussi quand une mort prématurée vint l'enlever à la France, — le second, se vouant à une carrière plus modeste, s'occuperait exclusivement des intérêts matériels de la famille. En vertu de cette fraternelle association, M. Garnier-Pagès était donc courtier de commerce, lorsque en 1841, les électeurs de l'arrondissement de Verneuil (Eure) l'envoyèrent à la chambre des députés. La réputation que son frère y avait laissée, fut moins pour M. Garnier-Pagès une recommandation qu'une cause de méfiance pour le talent qu'on ne voulait pas lui supposer ; il lui fallut même du temps et beaucoup de persévérance pour se faire reconnaître à la tribune comme le légitime héritier de son frère. Il y parvint cependant par une constante identité d'opinion courageusement exprimée, et toutes les fois aussi que le député de Verneuil eut à traiter des questions de finances, objet spécial de ses études. Député éminemment conscien-cieux, M. Garnier-Pagès consacrait en effet l'intervalle des sessions à voyager, afin d'étudier sur les lieux les questions qu'il aurait à aborder dans la session suivante. De là la lucidité avec laquelle il parla, soit de la France algérienne, soit de l'état des finances en Espagne. On sut par lui que le nouveau fonds trois pour cent espagnol n'était qu'un appât fallacieux, ce qu'il démontra si puissamment, que le minis-tère dut reculer devant la volonté déjà manifestée de faire coter à la Bourse cette valeur mensongère. Ce fut un grand service rendu à la masse trop confiante des spéculateurs.

Membre du gouvernement provisoire, M. Garnier-Pagès, dont le républicanisme sincère s'était assez laissé deviner à l'occasion des banquets, remplit d'abord les fonctions de maire de Paris. M. Goudchaux, qui avait accepté le minis-tère des finances dans le moment de la crise, s'en étant dé-mis, M. Garnier-Pagès fut appelé à le remplacer. Si depuis les difficultés de la situation ont été plus fortes que sa vo-lonté, on ne saurait nier sa courageuse application à les combattre souvent avec succès.

Appelé à représenter Paris à l'Assemblée nationale, M. Garnier-Pagès figure en quatrième sur la liste des no-minations.

MARRAST.

Elève de l'école normale, M. MARRAST (Armand) y fit de fortes études, et se destina d'abord à l'enseignement; mais sa vocation n'était pas là. Après la révolution de Juillet, il fut, avec Cavaignac, du nombre des jeunes gens qui dès lors ne dissimulèrent point leur enthousiasme républicain. Doué d'un esprit incisif, prompt à saisir le ridicule des choses et des hommes, courageux et prudent tout à la fois dans l'ex-pression de sa pensée, sa place sous le dernier gouverne-ment était marquée parmi les écrivains de la presse oppo-sante, où les troupes légères du journalisme coopèrent plus efficacement au triomphe d'une cause que ne le font les gros bataillons réguliers. Après avoir coopéré à la rédaction

de la *Tribune*, M. Marrast entra au *National*, où il fut jugé
digne de recueillir le difficile héritage d'Armand Carrel.

La révolution de février trouva M. Marrast à son poste. Il
fut nommé membre du gouvernement provisoire, et appelé
à succéder à M. Garnier-Pagès à la mairie de Paris.

Elu membre de l'Assemblée nationale à Paris, M. Armand
Marrast l'a été également dans trois autres départements : à
Pau, au Mans et à Toulouse.

MARIE.

M. MARIE (Alexandre-Thomas), né à Auxerre (Yonne) le
15 février 1795, se voua à l'enseignement du droit dont il
avait fait une étude approfondie, comme ont pu s'en con-
vaincre ceux qui ont assisté à ses puissantes plaidoiries.
Attaché de cœur à la cause de la liberté, on l'a toujours vu
prêt à embrasser la défense des victimes de l'arbitraire ou
de leur propre imprudence. Sous la robe de l'avocat, il ne
négligeait guère l'occasion de faire entendre au pouvoir
d'utiles vérités. Ce fut lui qui, dans le procès de Pepin, prit
la défense de M. Cabet, ancien député. Le corps électoral
du cinquième arrondissement de Paris l'envoya en 1842 à
la chambre des députés, où il n'a pas discontinué de siéger
sur les bancs de l'extrême gauche. Dans la fameuse séance
du 24 février, il fut le premier à revendiquer les droits de la
souveraineté du peuple en s'opposant à la régence.

Le gouvernement provisoire, dont il est membre, lui a
confié le ministère des travaux publics. Nommé membre de
l'Assemblée nationale à Paris, il l'a été aussi à Auxerre.

CRÉMIEUX.

CRÉMIEUX (Isaac-Adolphe), né à Nîmes, le 30 avril 1790,
d'une famille israélite, fut reçu en 1817 avocat près la cour
royale de sa ville natale. La terreur blanche, comme on l'ap-
pelait, désolait alors les belles contrées du midi de la France.
La vue des persécutions et des massacres firent sur lui une
impression si vive, que son indignation le jeta dans l'oppo-
sition. Le 30 août 1830, il remplaça M. Odillon-Barrot en

qualité d'avocat à la cour de cassation, où il eut peu après à prendre la défense du Constitutionnel. Il sauva la tête de Cuny, condamné à mort dans l'affaire des barricades de juin, et se montra en toute circonstance avocat dévoué à sa cause et amant passionné de la liberté et des droits du peuple. Etant une des lumières du barreau de Paris, il en devint une de la chambre des députés, où il n'a jamais failli aux circonstances qui exigeaient un grand talent et un caractère loyal et hardi. La place de M. Crémieux était donc marquée dans le sein du gouvernement provisoire où l'ont appelé d'un commun accord ses qualités d'homme et celles de citoyen.

Paris et Tours ont élu M. Crémieux au nombre de leurs représentants à l'Assemblée nationale.

ALBERT.

M. ALBERT, membre du gouvernement provisoire, n'a pas pris d'autre désignation que celle d'ouvrier. Il n'en pouvait pas prendre une plus belle. Elle nous a rappelé que lors du procès des ministres de Charles X, le général Lobau, interrogé sur sa qualité, répondit : Soldat.

M. Albert, membre du conseil des prud'hommes avant la révolution de février, a rendu de grands services à l'industrie, en fondant d'abord à Lyon et ensuite à Paris, des journaux spéciaux, *la Glaneuse* et *l'Atelier*, également consacrés aux droits, aux intérêts, à la moralisation des ouvriers, et que les ouvriers rédigent eux-mêmes. *La Glaneuse* n'existe plus, *l'Atelier* est un des bons et un des plus utiles journaux de Paris, qui depuis longtemps s'était fait remarquer par la pureté et la sagesse de ses doctrines et par sa rédaction.

Membre du gouvernement provisoire, M. Albert assiste son confrère M. Louis Blanc dans ses rapports avec les ouvriers de Paris. Le peuple de Paris l'a élu son représentant à l'Assemblée nationale.

LEDRU-ROLLIN.

M. LEDRU-ROLLIN n'a que quarante et un ans. Il était avocat à la cour de cassation, mais il donna sa démission en 1841, lorsque le collége électoral du Mans l'eut nommé député en remplacement de M. Garnier-Pagès. Doué d'une grande franchise et d'un caractère décidé en même temps que d'un esprit supérieur, dans aucune circonstance de sa vie on n'a vu M. Ledru-Rollin s'appliquer à dissimuler sa pensée ni ses propensions républicaines. C'eût été un grand tribun du peuple, mais peut-être l'histoire jugera-t-elle qu'il aurait dû cesser d'être tribun en arrivant au pouvoir. Au surplus, il n'est pas d'homme qui ait été plus diversement jugé sur ses actes, notamment pour deux circulaires fameuses émanées du ministère de l'intérieur, dont il est le titulaire en même temps que membre du gouvernement où l'appelaient de droit les éminents services que son énergie a rendus au triomphe de la dernière révolution. M. Ledru-Rollin aspire à la popularité; il la mérite, mais aujourd'hui il n'y a plus de peuple, puisque le peuple c'est l'universalité de tous les citoyens français sans exception d'un seul.

M. Ledru-Rollin a été élu représentant à l'Assemblée nationale à Paris et à Mâcon.

FLOCON.

M. FLOCON (Ferdinand). Il n'est point d'homme qui joigne à une plus grande douceur de mœurs, à autant d'aménité dans les relations privées, une plus grande sincérité de conviction dans ses principes républicains et un caractère plus ferme. Or, ce n'est pas d'aujourd'hui que M. Flocon a adopté, proclamé ses idées républicaines; il ne s'en cacha jamais sans toutefois en faire parade comme le font d'ordinaire ceux qui ont besoin de se faire croire eux-mêmes à leur opinion. Depuis la révolution de juillet il n'a pas cessé d'être franchement républicain sans se créer des ennemis parmi ses antagonistes. Uniquement préoccupé de l'avénement d'une république, chose dont il n'a jamais douté, pour lui tous les autres intérêts s'effacèrent devant celui-là. Pouvant par son talent choisir ses journaux, il préféra toujours ceux dont les idées étaient le plus avancées. Ainsi il quitta le Courrier pour le National, le National pour la Réforme qu'il rédigeait au moment de la révolution qui renversa le dernier gouvernement. Pour sa capacité réelle, pour sa fidélité religieuse au principe républicain, M. Flocon devait faire partie du gouvernement provisoire. Il est un des élus du département de la Seine à l'Assemblée nationale.

LOUIS BLANC.

Né à Madrid en 1813, de parents français, M. Louis Blanc fut amené en France en 1814. A peine ses études finies, il annonçait déjà les plus heureuses dispositions lorsque n'ayant pas encore vingt ans il vint pour la première fois à Paris. Quand éclata la révolution de février, sa réputation était grande, mais elle n'était pas ancienne ; elle ne remonte en effet qu'à la publication de sa très-remarquable *Histoire de dix ans*. Cependant M. Louis Blanc avait été précédemment principal rédacteur du *Bon sens*. Il a publié aussi deux volumes de l'*Histoire de la révolution française;* mais son titre réel à son admission dans le gouvernement provisoire était la série d'articles sur l'*Organisation du travail* qu'il publia dans la *Revue du progrès*. C'était une brillante et séduisante théorie ; M. Louis Blanc a été appelé à en tenter l'application. Qui oserait dire que jusqu'à ce jour cette tentative au moins téméraire ait été couronnée de succès ?

Comme tous les autres membres du gouvernement provisoire, M. Louis Blanc a été élu à Paris représentant à l'Assemblée nationale, mais c'est celui qui a eu le moins de voix.